Dr. Oetker alles selbst gemacht

Pesto

Chutneys & Relishes

Dr. Oetker alles selbst gemacht

Pesto
Chutneys & Relishes

Dr. Oetker Verlag

Vorwort

Hier kommen sie, die heimlichen Stars aus der Küche:
Pesto, Saucen, Dips, Chutneys, Pickles und Eingelegtes in Essig und Öl.
All die Leckereien, die den Genuss erst perfekt machen und einem in der Feinkosttheke das Wasser im Mund zusammenlaufen lassen.
Die Tüpfelchen auf dem „i" von Pasta, Reis, Salat, Fleisch oder Fisch.

Diese Leckereien halten sich einige Zeit und sind ein nettes Mitbringsel.
Bereiten Sie doch gleich die doppelte Menge zu, einmal für den Eigenbedarf und einmal zum Verschenken.

Alle Rezepte sind von Dr. Oetker wie immer nachgekocht und so beschrieben, dass sie Ihnen garantiert gelingen.

So werden Anfänger und Könner ihre Freude an den bewährten und neuen, leckeren mehr als 35 Rezepten haben.

Abkürzungen

EL = Esslöffel
TL = Teelöffel
Msp. = Messerspitze
Pck. = Packung/Päckchen
g = Gramm
kg = Kilogramm
ml = Milliliter
l = Liter
Min. = Minuten
Std. = Stunden
evtl. = eventuell
geh. = gehäuft
gestr. = gestrichen
TK = Tiefkühlprodukt
°C = Grad Celsius

Hinweise zu den Rezepten

Lesen Sie bitte vor der Zubereitung das Rezept einmal vollständig durch. Oft werden Arbeitsabläufe oder -zusammenhänge dann klarer.

Zubereitungszeiten

Die Zubereitungszeit beinhaltet nur die Zeit für die eigentliche Zubereitung, Garzeiten sind gesondert ausgewiesen. Längere Wartezeiten, z. B. Kühl- und Auftauzeiten sind nicht einbezogen.

Sesam-Pesto

1 Glas, etwa 200 ml

Zubereitungszeit: 25 Minuten
Haltbarkeit: gekühlt etwa 3–4 Tage

Zutaten:

2 Bund	glatte Petersilie
1 Bund	frisches Basilikum
3	Knoblauchzehen
50 g	Sesamsamen
1 EL	weiche Butter
100 ml	kalt gepresstes Olivenöl
40 g	frisch geriebener Parmesan-Käse
	Salz, frisch gemahlener Pfeffer

1. Petersilie und Basilikum abspülen, trockentupfen. Die Blättchen von den Stängeln zupfen. Blättchen fein hacken.
2. Knoblauch abziehen, grob hacken und in eine Schüssel geben. Petersilie, Basilikum, Sesam und Butter unterrühren. Olivenöl unterschlagen, Parmesan-Käse unterrühren. Mit Salz und Pfeffer abschmecken.

Tipp: Pesto in ein gut schließendes Glas füllen, Olivenöl darauf geben, so dass das Pesto gut bedeckt ist. Glas verschließen und kalt stellen. Pesto hält sich dadurch etwas länger.

Steinpilz-Pesto

1 Glas, etwa 150 ml

Zubereitungszeit: 35 Minuten, ohne Einweichzeit
Haltbarkeit: gekühlt etwa 1 Woche

Zutaten:

10 g	getrocknete Steinpilze
125 ml (1/8 l)	heißes Wasser
30 g	Pinienkerne
1	Knoblauchzehe
100 ml	kalt gepresstes Olivenöl
1 Stängel	Pfefferminze
50 g	frisch geriebener Parmesan-Käse
1 gestr. TL	Gemüsebrühe
	Salz, frisch gemahlener Pfeffer

1. Steinpilze in ein Sieb geben, mit kaltem Wasser abspülen, in eine Schale geben, mit heißem Wasser übergießen und etwa 20 Minuten einweichen. Pinienkerne in einer Pfanne ohne Fett goldbraun rösten, abkühlen lassen.
2. Knoblauch abziehen und in kleine Würfel schneiden. Steinpilze in einem Sieb abtropfen lassen, dabei das Einweichwasser auffangen. Steinpilze klein hacken.
3. 1 Esslöffel des Olivenöls erhitzen. Knoblauchwürfel darin andünsten. Gehackte Steinpilze mit dem Einweichwasser hinzugeben und etwa 5 Minuten dünsten.
4. Minze abspülen und trockentupfen. Die Blättchen von den Stängeln zupfen. Blättchen grob hacken.
5. Steinpilze, Pinienkerne, Minzeblättchen, Parmesan-Käse, restliches Olivenöl und Brühe in einen hohen Rührbecher geben und mit einem Mixstab pürieren. Pesto mit Salz und Pfeffer abschmecken.

Tipp: Falls die Pestomasse geronnen ist, sie in einem kleinen Topf unter Rühren erwärmen (nicht kochen lassen), erkalten lassen.

Ziegenfrischkäse mit Rauke-Pesto

12 Stück

Zubereitungszeit: etwa 20 Minuten
Haltbarkeit: Pesto gekühlt etwa 4 Tage

Zutaten:

3	Knoblauchzehen
50 g	Pinienkerne
1 Bund	Rauke (Rucola) (etwa 100 g)
1 gestr. TL	Salz, frisch gemahlener Pfeffer
100 ml	kalt gepresstes Olivenöl
50 ml	Traubenkernöl
120 g	fein geraspelter Parmesan- oder Grana-padano-Käse
12 kleine	Ziegenfrischkäse (je 40 g)
10	Cocktailtomaten

1. Knoblauch abziehen. Pinienkerne in einer Pfanne ohne Fett unter mehrmaligem Wenden rösten, abkühlen lassen.
2. Rauke waschen, trockenschleudern und fein schneiden. In einem Blitzhacker zuerst Knoblauch, dann Pinienkerne mit Salz und Pfeffer hacken, dann Rauke, Olivenöl, Traubenkernöl und Parmesan- oder Grana-padano-Käse hinzugeben und zu einer feinen Paste zerhacken.
3. Ziegenkäse auf einer Platte anrichten. Rauke-Pesto darauf verteilen.
4. Cocktailtomaten waschen, trockentupfen, halbieren und auf der Platte verteilen.

Tipp: Mit Vollkornbrötchen oder Ciabatta servieren. Das klassische Pesto wird mit der gleichen Menge Basilikum statt mit Rauke zubereitet.

Pesto, scharf und sauer

1 Glas, etwa 200 ml (Titelfoto und Foto Seite 7)

Zubereitungszeit: 25 Minuten
Haltbarkeit: gekühlt etwa 6 Wochen

Zutaten:

8 EL	Pinienkerne
4	große Knoblauchzehen
2 Bund	oder Töpfe frisches Basilikum
1 Bund	frische Petersilie
8 EL	kalt gepresstes Olivenöl
2	frische Chilischoten
2	Bio-Zitronen (unbehandelt, ungewachst)
4 EL	frisch geriebener Parmesan- oder Pecorino-Käse
1 EL	Zucker, Salz, Pfeffer, Olivenöl

1. Pinienkerne in einer Pfanne ohne Fett goldbraun rösten. Knoblauch abziehen und grob hacken. Basilikum und Petersilie abspülen und trockentupfen. Die Blättchen von den Stängeln zupfen.
2. Basilikum-, Petersilienblättchen, Knoblauch, Pinienkerne und Olivenöl in einen hohen Rührbecher geben und mit einem Mixstab fein pürieren.
3. Chilischoten abspülen, trockentupfen, halbieren, entkernen und in kleine Würfel schneiden. Zitronen heiß waschen, die Schale abreiben oder mit einem Zestenreißer abziehen. Zitronen halbieren und den Saft auspressen.
4. Chiliwürfel, Zitronenschale, -saft, Käse und Zucker mit dem Kräuterpüree vermengen, mit Salz und Pfeffer abschmecken.
5. Pesto in vorbereitete Gläser füllen, Olivenöl darauf verteilen und mit Twist-off-Deckeln® verschließen. Pesto kalt gestellt aufbewahren und nach dem Öffnen schnell verbrauchen.

Tomaten-Pesto

1 Glas, etwa 150 ml

Zubereitungszeit: 20 Minuten
Haltbarkeit: gekühlt etwa 3 Wochen

Zutaten:

150 g	getrocknete Tomaten in Öl
3	Knoblauchzehen
1 Bund	Basilikum
20 g	frischer Parmesan-Käse
30 g	abgezogene, gehobelte Mandeln
100 ml	kalt gepresstes Olivenöl
	Salz
	frisch gemahlener Pfeffer

1. Tomaten in einem Sieb abtropfen lassen. Knoblauch abziehen und durch eine Knoblauchpresse drücken. Basilikum abspülen und trockentupfen. Die Blättchen von den Stängeln zupfen. Parmesan-Käse fein reiben.
2. Tomaten, Mandeln und Basilikumblättchen sehr fein hacken oder pürieren und in eine Schüssel geben. Knoblauch, Parmesan-Käse und Olivenöl untermengen. Mit Salz und Pfeffer würzen.

Tipp: Tomaten-Pesto passt gut zu Fisch, Fleisch, Reis, Pasta und Gemüse.Pesto in ein Schraubverschlussglas geben, mit Olivenöl bedecken und mit dem Deckel verschließen. (Pesto im Kühlschrank aufbewahrt ist etwa 3 Wochen haltbar).

Basilikum-Pesto

1 Glas, etwa 250 ml

Zubereitungszeit: 20 Minuten
Haltbarkeit: gekühlt etwa 6 Wochen

Zutaten:

3–4	Knoblauchzehen
1 gestr. TL	Salz
50 g	Pinienkerne
8 EL	gehackte Basilikumblättchen
100 g	frisch geriebener Pecorino- oder Parmesan-Käse
200 ml	kalt gepresstes Olivenöl

1. Knoblauch abziehen, mit Salz, Pinienkernen und Basilikumblättchen im Mörser so lange zerstoßen, bis eine cremartige Masse entstanden ist.
2. Käse hinzufügen und unterarbeiten. Zuletzt Olivenöl unterrühren.
3. Pesto in vorbereitete Gläser füllen. Gläser mit Twist-off-Deckeln® verschließen.

Tipp: Basilikum-Pesto zu Nudeln oder Tomaten mit Mozzarella reichen.

Bärlauch-Pesto zu Spargel

4 Portionen

Zubereitungszeit: 60 Minuten, ohne Abkühlzeit
Haltbarkeit: Pesto gekühlt 4–6 Tage

Zutaten:

	Für das Bärlauch-Pesto:
2 Bund	Bärlauch (etwa 90 g)
50 g	Pinienkerne
100 ml	kalt gepresstes Olivenöl
50 ml	Keimöl
120 g	frisch geraspelter feiner Parmesan-Käse
	Salz
	frisch gemahlener Pfeffer
	4 Tomaten
2 kg	weißer Spargel
1 l	Wasser
2 gestr. TL	Salz
1 TL	Zucker
2 EL	Zitronensaft

1. Für das Pesto Bärlauch putzen, waschen, trockenschleudern und fein hacken. Pinienkerne in einer Pfanne ohne Fett unter mehrmaligem Wenden goldbraun rösten und abkühlen lassen.
2. Pinienkerne, Olivenöl und Keimöl in einen hohen Rührbecher geben und mit einem Mixstab fein pürieren. Bärlauch hinzugeben, nochmals kurz pürieren. Parmesan-Käse unterrühren. Mit Salz und Pfeffer würzen.
3. Tomaten waschen, abtropfen lassen, kreuzweise einschneiden und einige Sekunden in kochendes Wasser legen. Tomaten kurz in kaltes Wasser legen, enthäuten, halbieren, entkernen und die Stängelansätze herausschneiden. Tomatenhälften in kleine Würfel schneiden.
4. Den Spargel von oben nach unten schälen, darauf achten, dass die Schalen vollständig entfernt, die Köpfe aber nicht verletzt werden. Die unteren Enden abschneiden (holzige Stellen vollkommen entfernen). Spargel waschen und abtropfen lassen.
5. Die abgeschnittenen Spargelenden und -schalen in einem Topf mit Wasser zum Kochen bringen. Salz, Zucker und Zitronensaft hinzugeben, wieder zum Kochen bringen und zugedeckt etwa 20 Minuten leicht kochen lassen. Anschließend in ein Sieb geben und den Spargelfond dabei auffangen.
6. Den aufgefangenen Spargelfond in einem hohen Topf zum Kochen bringen. Spargel hinzugeben, wieder zum Kochen bringen und zugedeckt etwa 12 Minuten garen. Spargel mit einer Schaumkelle herausnehmen und tropfnass in eine große flache Auflaufform legen. Einen Streifen Tomatenwürfel diagonal darauf legen. Bärlauch-Pesto auf den Tomatenstreifen verteilen.
7. Die Form auf dem Rost unter den vorgeheizten Grill schieben. Spargel mit Bärlauch-Pesto 3–5 Minuten übergrillen. Sofort servieren.

Tipp: Bärlauch-Pesto kann schon einige Tage vor dem Verzehr zubereitet und kalt gestellt aufbewahrt werden. Bärlauch kann durch Rucola (Rauke) ersetzt werden.

Aprikosen- oder Pfirsich-Vinaigrette

10 Portionen

Zubereitungszeit: 15 Minuten
Haltbarkeit: gekühlt 3–4 Tage

Zutaten:

1	Schalotte
2	reife enthäutete Pfirsiche
	oder 4 reife enthäutete Aprikosen
100 ml	weißer Balsamicoessig
50 g	mittelscharfer Senf
1/2 geh. EL	flüssiger Blütenhonig
1 gestr. TL	Salz
	frisch gemahlener Pfeffer
175 ml	Pflanzenöl
100 ml	kalt gepresstes Olivenöl
25 ml	Walnussöl
	evtl. etwas Orangensaft

1. Schalotte abziehen und in kleine Würfel schneiden. Pfirsiche oder Aprikosen abspülen, trockentupfen, halbieren und den Stein herauslösen.
2. Schalottenwürfel mit den Pfirsich- oder Aprikosenhälften, Essig, Senf, Honig, Salz und Pfeffer in einen hohen Rührbecher geben und mit einem Mixstab fein pürieren. Die 3 Öle in einem dünnen Strahl hineinlaufen lassen, dabei die Sauce weiter pürieren bzw. mixen, bis eine homogene Verbindung entsteht. Ist die Vinaigrette zu dickflüssig, etwas Orangensaft hinzugeben.
3. Die Vinaigrette in ein vorbereitetes Glas füllen, mit einem Deckel verschließen und kalt gestellt aufbewahren. Vinaigrette vor Gebrauch gut schütteln und innerhalb von 3–4 Tagen verbrauchen.

Tipp: Die Vinaigrette ist so lecker, dass man sie am liebsten mit dem Löffel essen möchte. Sie passt gut zu knackigen Blattsalaten, Tomaten oder zu gebratener Leber. Statt frischer Pfirsiche und Aprikosen 125 g gut abgetropfte Aprikosenhälften aus Dose oder Glas verwenden.
Immer daran denken: Beim Essig Geizhals, beim Öl Verschwender, zum Rühren ein Verrückter.

Caesar-Dressing

8–10 Portionen

Zubereitungszeit: 15 Minuten
Haltbarkeit: etwa 3 Tage

Zutaten:

1 Glas (500 g)	Salatmayonnaise
je 100 ml	Schlagsahne und Milch
2	Knoblauchzehen
3 EL	frisch geriebener Parmesan-Käse
1	Sardellenfilet
2 EL	Weißweinessig
	Salz, frisch gemahlener Pfeffer

1. Mayonnaise mit Sahne und Milch in einen hohen Rührbecher geben. Knoblauch abziehen.
2. Knoblauch, Käse, Sardellenfilet, Essig, Salz und Pfeffer hinzufügen. Die Zutaten mit einem Mixstab pürieren. Dressing mit Salz und Pfeffer abschmecken.

Tipp: Römersalat oder Eisbergsalat waschen, trockentupfen, in Stücke schneiden, mit 2 Esslöffeln des Dressings mischen und in einem tiefen Teller anrichten. Frisch geriebenen Parmesan-Käse, geröstete Brotwürfel und eine kross gebratene Poulardenbrust auf den angerichteten Salat legen (ein köstliches Sommergericht).

Vinaigrette

Kabeljausalsa mit Rote Bete

6–8 Portionen

Zubereitungszeit: 75 Minuten, ohne Abkühl- und Durchziehzeit
Haltbarkeit: 1–2 Tage

Zutaten:

300 g	Kabeljaufilet
	etwas Zitronensaft
400 ml	Fischfond aus dem Glas
1 große	Kartoffel
1 große	rote Bete
1/2 TL	ganze Kümmelsamen
1	Senfgurke
1 kleine	Salatgurke
1 Bund	Schnittlauch
1 Becher (200 g)	saure Sahne
1 EL	geriebener Meerrettich aus dem Glas
	Salz
	frisch gemahlener Pfeffer
	Zitronensaft

1. Kabeljaufilet unter fließendem kalten Wasser abspülen, trockentupfen und mit Zitronensaft beträufeln.
2. Fond in einen Topf gießen, Fischfilet hineinlegen, zum Kochen bringen und bei schwacher Hitze 5–7 Minuten ziehen lassen (Fischfilet muss fest bleiben).
3. Fischfilet aus dem Fond heben, auf einen Teller legen und abkühlen lassen.
4. Kartoffel und rote Bete gründlich waschen und in kochendem Salzwasser mit Kümmel zugedeckt etwa 30 Minuten garen. Kartoffel herausnehmen und etwas abkühlen lassen. Die rote Bete zugedeckt weitere etwa 30 Minuten kochen lassen.
5. Rote Bete herausnehmen, in ein Sieb geben, mit kaltem Wasser übergießen und abtropfen lassen. Rote Bete schälen, mit der gepellten Kartoffel in kleine Würfel schneiden.
6. Senfgurke klein würfeln. Salatgurke waschen, abtrocknen, halbieren, entkernen und ebenfalls in kleine Würfel schneiden.
7. Zuerst Gurkenwürfel mit der sauren Sahne und dem Meerrettich mischen, dann mit Salz und Pfeffer würzen. Kartoffel- und Rote-Bete-Würfel unterheben.
8. Fischfilet evtl. von Gräten befreien, in kleine Würfel schneiden und ebenfalls vorsichtig unterheben. Mit Salz, Pfeffer und Zitronensaft abschmecken. Kabeljausalsa zugedeckt über Nacht kalt stellen und durchziehen lassen.

Tipp: Reichen Sie Kabeljausalsa mit Folienkartoffeln, die in Folie serviert werden. Gut schmeckt auch ein Kartoffelsalat dazu.

BBQ-Sauce (Barbecue-Sauce)

12–15 Portionen

Zubereitungszeit: 20 Minuten
Haltbarkeit: gekühlt 3–4 Monate

Zutaten:

300 ml	starker Kaffee (Espresso oder Mokka)
1	Gemüsezwiebel
1 kleines	
Bund	krause Petersilie
1 TL	Sambal Oelek
1 kg	
1 l (1 kg)	Tomatenketchup

1. Kaffee vorbereiten und kalt stellen. Zwiebel schälen, zuerst in Scheiben, dann in kleine Würfel schneiden.
2. Petersilie abspülen und trockentupfen. Die Blättchen von den Stängeln zupfen. Blättchen fein hacken.
3. Kaffee in eine Schüssel gießen. Zwiebelwürfel, Petersilie, Sambal Oelek und Ketchup hinzufügen und gut verrühren.
4. Die Sauce in vorbereitete Gläser oder Flaschen füllen, fest verschließen und kalt stellen. Sauce durchziehen lassen.
5. Die BBQ-Sauce kann schon nach einem Tag verwendet werden und ist gekühlt mindestens 3–4 Monate haltbar.

Tipp: Die Sauce darf bei keinem Barbecue fehlen. Sie eignet sich besonders gut zu gegrilltem Fleisch und zum Bestreichen von gebackenen Sparerips. Oder als Dip-Sauce zu Frittiertem reichen.

Currysauce

12–15 Portionen

Zubereitungszeit: 25 Minuten
Haltbarkeit: gekühlt 3–4 Monate

Zutaten:

600 ml	Wasser
1 EL	Currypulver (indisch)
1 EL	Zucker
1 TL	Paprikapulver rosenscharf
1 TL	Sambal Oelek
1 l (1 kg)	Tomatenketchup, z. B. von Kraft oder Heinz

1. Wasser in einen Topf geben, Curry, Zucker, Paprika und Sambal Oelek hinzufügen und zum Kochen bringen.
2. Topf von der Kochstelle nehmen. Ketchup einrühren und unter ständigem Rühren bei schwacher Hitze etwas kochen lassen.
3. Die Currysauce kann sofort verwendet werden oder die Sauce in vorbereitete Gläser oder Flaschen füllen und fest verschließen.
4. Die Currysauce ist gekühlt mindestens 3–4 Monate haltbar.

Tipp: Die Currysauce passt gut zur klassischen Currywurst.

Currysauce

Hausgemachter Senf (Grundrezept)

4 Gläser, je 200 ml

Zubereitungszeit: 25 Minuten, ohne Durchziehzeit
Haltbarkeit: gekühlt und dunkel gestellt 2–3 Monate

Zutaten:

	Zum Vorbereiten:
je 250 g	weißes und schwarzes Senfmehl
750 ml (3/4 l)	Weißweinessig
	Saft von 2 Zitronen
1 EL	Kräutersalz
1 1/2 EL	fein gehackte Estragonblätter
1 TL	frisch gemahlener schwarzer Pfeffer
je 1/4 TL	Zimt und Nelken, gemahlen
1 Prise	frisch geriebene Muskatnuss
3 EL	flüssiger Blütenhonig
1–2	Knoblauchzehen (im Mörser mit etwas Meersalz zerstoßen)
5	Schalotten oder 3 kleine Zwiebeln, in sehr kleine Würfel geschnitten
1/2 EL	frisch geriebener Meerrettich oder 1/2 EL fein gehackte Brennnesselspitzen

1. Zum Vorbereiten Senfmehl mit Essig und Zitronensaft in einer Porzellan- oder Glasschüssel mischen, quellen lassen und je nach gewünschter Schärfe bis zu 7 Stunden handwarm temperieren (nicht zu milde machen, da die Schärfe (Senföl) konservierend wirkt.
2. Salz, Estragon, Pfeffer, Zimt, Nelken, Muskat, Honig, Knoblauch, Schalotten- oder Zwiebelwürfel und Meerrettich oder Brennnesselspitzen unter die Senfmehlmasse rühren.
3. Den Senf in vorbereitete Gläser füllen, mit Twist-off-Deckeln® verschließen. Den Senf mindestens 2 Wochen kalt stellen und dunkel aufbewahren.

Tipp: Der Senf schmeckt vorzüglich zu frischem Brot mit Schinken. Oder nehmen Sie dieses Rezept als Grundlage für andere Senfsaucen, z. B. scharfe oder süße Senfsauce (Rezept Seite 24). Statt weißes und schwarzes Senfmehl können Sie auch braunes Senfmehl verwenden.

Scharfe Senfsauce

etwa 450 ml

Zubereitungszeit: 15 Minuten, ohne Durchziehzeit
Haltbarkeit: gekühlt und dunkel gestellt etwa 1 Jahr

Zutaten:

1 kleine	frische rote Chilischote
6 EL	hausgemachter Senf (siehe Grundrezept Seite 22)
12 EL	helle Sojasauce (Superior)
12 EL	Sake (japanischer Reiswein)

1. Chilischote abspülen, trockentupfen, halbieren und entkernen. Chilihälften in sehr kleine Würfel schneiden.
2. Senf in eine Schüssel geben, Chiliwürfel, Sojasauce und Sake gut unterrühren.
3. Die Senfsauce in vorbereitete Flaschen füllen und fest verschließen. Die Sauce einige Stunden durchziehen lassen und vor Gebrauch gut schütteln.

Tipp: Die Sauce hält sich kalt und dunkel gestellt bis zu 1 Jahr.

Süße Senfsauce

etwa 500 ml (1/2 l)

Zubereitungszeit: 15 Minuten, ohne Durchziehzeit
Haltbarkeit: gekühlt und dunkel gestellt etwa 1 Jahr

Zutaten:

12 EL	hausgemachter Senf (siehe Grundrezept, Seite 22)
6 EL	Reisweinessig
12 EL	kalt gepresstes mildes Olivenöl
6 EL	Mirin (japanischer gesüßter Sake [Reiswein])

1. Senf in einen Rührbecher geben und mit Handrührgerät mit Rührbesen Essig unterrühren. Olivenöl unter ständigem Schlagen in einem dünnen Strahl einlaufen lassen. Zuletzt Mirin unterrühren.
2. Die Senfsauce in eine vorbereitete Flasche füllen und fest verschließen. Senfsauce einige Stunden durchziehen lassen. Vor Gebrauch kräftig schütteln.

Tipp: Die Sauce hält sich kalt und dunkel gestellt bis zu 1 Jahr.

VORSICHT SCHARF

Harissa (scharfe Chilipaste)

etwa 600 ml

Zubereitungszeit: 35 Minuten, ohne Durchziehzeit
Haltbarkeit: gekühlt und dunkel gestellt etwa 4 Monate

Zutaten:

100 g	getrocknete rote Chilischoten
4	Knoblauchzehen
4 TL	Koriandersamen
4 TL	Kreuzkümmelsamen (Cumin)
4 TL	Kümmelsamen
2 TL	Meersalz
12 EL	kalt gepresstes Olivenöl

1. Chilischoten in eine Schüssel geben, mit heißem Wasser übergießen und 1 Stunde durchziehen lassen. Schoten in ein Sieb geben und gut abtropfen lassen. Knoblauch abziehen.
2. Chilischoten mit Knoblauch, Koriander-, Kümmelsamen und Salz in eine Schale geben und mit einem Mörser zu einer Paste verarbeiten, oder mit einem Mixstab zerkleinern. 10 Esslöffel Olivenöl unter die Paste rühren, in vorbereitete Gläser füllen und das restliche Olivenöl darauf verteilen (versiegeln).
3. Die Gläser mit Twist-off-Deckeln verschließen und bis zum Öffnen mindestens 1 Tag kalt, dunkel und trocken aufbewahren.

Tipp: Harissa hält kalt gestellt bis zu 4 Monate. Die Paste ist eine vielseitige Würzpaste, die vielen Gerichten das gewisse Etwas gibt. Sie passt gut zu geschmortem Fleisch, Geflügel oder zu Gemüse. Man verwendet sie auch für mit Safran gewürzte Fischsuppen und Eintöpfe oder zum Würzen von Salatsaucen. Etwas Harissa, vermischt mit geschälten, entkernten, klein gehackten Tomaten und 1 Prise Salz ergibt eine würzige Sauce für Kebabs.

Kürbis-Dip

4 Portionen, etwa 250 ml

Zubereitungszeit: 20 Minuten, ohne Abkühlzeit
Haltbarkeit: etwa 2 Tage

Zutaten:

1	Bio-Orange (unbehandelt, ungewachst)
30 g	Kürbiskerne
3 TL	Kürbiskernöl
1 Becher (150 g)	Crème fraîche oder Sauerrahm
50 g	Sahnejoghurt
	Salz
	frisch gemahlener Pfeffer

1. Orange heiß abspülen, abtrocknen und die Schale mit einer Haushaltsreibe abreiben oder mit einem Zestenreißer abziehen. Orange durchschneiden und den Saft auspressen.
2. Kürbiskerne in einer Pfanne ohne Fett unter mehrmaligem Wenden goldgelb rösten. Kürbiskerne erkalten lassen (ein Viertel der Kürbiskerne zum Garnieren beiseite legen) und klein hacken.
3. Orangenschale, -saft mit Kürbiskernöl, gehackten Kürbiskernen, Crème fraîche oder Sauerrahm und Joghurt glatt rühren. Den Dip mit Salz und Pfeffer abschmecken. Mit den beiseite gelegten Kürbiskernen garnieren.

Tipp: Kürbis-Dip passt zu Frikadellen, Reibekuchen mit Schnippelschinken oder Räucherlachs.

Grüner Pfefferschoten-Dip

6 Portionen, etwa 300 ml

Zubereitungszeit: 45 Minuten, ohne Ruhezeit
Haltbarkeit: etwa 14 Tage

Zutaten:

20 g	Pfefferschoten (große Chilischoten, erhältlich im Asialaden)
2	Knoblauchzehen
1/2 Bund	frischer Koriander
2 EL	Limettensaft
1 Becher (150 g)	Crème fraîche oder Sauerrahm
1/2 gestr. TL	Salz

1. Pfefferschoten abspülen, trockentupfen, entstielen, längs halbieren und entkernen. Schotenhälften mit der Hautseite nach oben und die Knoblauchzehen auf einem Backblech verteilen.
2. Das Backblech in den Backofen schieben, die Schotenhälften und Knoblauch unter dem vorgeheizten Grill 3–5 Minuten rösten, bis die Haut schwarze Blasen wirft. Knoblauch während des Röstens mehrmals wenden.
3. Schotenhälften und Knoblauch in eine Schüssel geben, mit Frischhaltefolie zudecken und etwa 10 Minuten stehen lassen.
4. Schotenhälften und Knoblauch abziehen, grob hacken. Koriander abspülen und trockentupfen. Die Blättchen von den Stängeln zupfen. Blättchen klein schneiden. Die vorbereiteten Zutaten mit Limettensaft, Crème fraîche oder Sauerrahm und Salz in einen hohen Rührbecher geben und mit einem Mixstab fein pürieren.

Tipp: Pfefferschoten-Dip passt gut zu feurigem Eintopf und Gemüse-Couscous.

Pinzimonio

8 Portionen, etwa 325 ml

Zubereitungszeit: 10 Minuten
Haltbarkeit: 3–4 Monate

Zutaten:

	Saft von 1 Zitrone
300 ml	kalt gepresstes Olivenöl
	Salz
	frisch gemahlener Pfeffer

1. Zitrone durchschneiden und den Saft auspressen. Zitronensaft mit etwas Olivenöl, Salz und Pfeffer in einen hohen Rührbecher geben und mit einem Mixstab so lange schlagen, bis das Salz aufgelöst ist.
2. Restliches Olivenöl mit der Zitronen-Öl-Mischung verschlagen (nicht zu lange schlagen, das Olivenöl wird sonst trübe).
3. Die Sauce in vorbereitete Flaschen füllen und verschließen. (Die Sauce vor jedem Gebrauch schütteln).

Tipp: Pinzimonio eignet sich gut zum Dippen von Rohkoststicks (Möhren, Kohlrabi, Staudensellerie), Chicoreéblättern oder frischen Artischockenblättern. Man kann auch gebratenen oder gegrillten Fisch, Fleischspieße oder Maiskolben mit dem Pinzimonio beträufeln.

Scharfe Senf-Dill-Sauce

8 Portionen, etwa 500 ml

Zubereitungszeit: 10 Minuten
Haltbarkeit: 1–2 Wochen

Zutaten:

12 EL	mittelscharfer Senf
8 EL	flüssiger Honig
6 EL	Sojasauce
3–4 EL	frisch gehackter Dill
	etwas Zucker

1. Senf mit Honig, Sojasauce, Dill und Zucker verrühren.

Tipp: Senf-Dill-Sauce passt besonders gut zu gegrilltem und gebratenem Fischfilet und Meeresfrüchten sowie zu Graved Lachs.

PINZI
MONIO

Beerenketchup mit Zimt und Minze

etwa $1^1/_4$ l

Zubereitungszeit: 45 Minuten
Haltbarkeit: gekühlt und dunkel gestellt etwa 4 Wochen

Zutaten:

2 kg	frische Beeren, z. B. Brombeeren
800 g	Zucker
600 ml	Weißweinessig
1/2 TL	gemahlene Nelken
1/2 TL	gemahlener Piment
1	Zimtstange
3	Zweige Minze
	Salz
	frisch gemahlener Pfeffer

1. Beeren verlesen, abspülen, mit Zucker, Essig, Nelken, Piment und Zimtstange in einem Topf unter ständigem Rühren bei schwacher Hitze zum Kochen bringen, zugedeckt bei mittlerer Hitze etwa 1 Stunde kochen lassen, dabei ab und zu umrühren.
2. Zimtstange entfernen. Die Beerenmasse durch ein feines Sieb streichen oder durch eine Flotte Lotte geben. Den Beerensaft (Ketchup) dabei auffangen.
3. Minze abspülen und trockentupfen. Die Blättchen von den Stängeln zupfen. Blättchen in feine Streifen schneiden und unter den Beerensaft (Ketchup) rühren. Mit Salz und Pfeffer abschmecken.
4. Den heißen Beerensaft (Ketchup) sofort in vorbereitete Gläser füllen und mit Twist-off-Deckeln® verschließen. Beerenketchup kalt, trocken und dunkel aufbewahren und nach etwa 4 Wochen verwenden.

Tipp: Beerenketchup passt gut zu gereiftem Hartkäse mit kräftigem Geschmack.

Rhabarberketchup mit Sultaninen

etwa $3^3/_4$ l

Zubereitungszeit: 50 Minuten
Haltbarkeit: gekühlt etwa 6 Wochen

Zutaten:

1 kg	frischer Rhabarber
4	rote Zwiebeln
400 g	Sultaninen
175 ml	frisch gepresster Orangensaft
1 l	Rotweinessig
400 g	brauner Zucker
1 TL	Pimentkörner
1 TL	schwarze und braune Senfkörner
	Salz, frisch gemahlener Pfeffer

1. Rhabarber waschen, Stielenden und Blattansätze entfernen, Stangen in 2 cm lange Stücke schneiden. Zwiebeln abziehen, in kleine Würfel schneiden.
2. Rhabarber mit Zwiebelwürfeln, Sultaninen, Orangensaft, Essig, Zucker, Pimentkörnern, Senfkörnern, Salz und Pfeffer unter Rühren bei schwacher Hitze zum Kochen bringen, zugedeckt bei schwacher Hitze etwa 90 Minuten kochen lassen, dabei ab und zu umrühren (Masse soll musig sein).
3. Anschließend durch ein feines Sieb streichen oder durch eine Flotte Lotte geben. Ketchup mit Salz und Pfeffer abschmecken und heiß in vorbereitete Gläser füllen. Gläser mit Twist-off-Deckeln® verschließen und kalt gestellt etwa 4 Wochen durchziehen lassen.

Tipp: Rhabarberketchup passt gut zu über Holzkohle gegrilltem Fleisch oder als Würzsauce in pfannengerührten Speisen und Reisgerichten.

RHABARBER-
KETCHUP MIT
SULTANINEN

Thymianöl

10 Portionen, etwa 500 ml

Zubereitungszeit: 20 Minuten, ohne Trocken- und Durchziehzeit
Haltbarkeit: gekühlt und dunkel gestellt etwa 3 Monate

Zutaten:

3 Stängel	Thymian
1 Stängel	Lavendel
1 Stängel	Lavendel mit Blüte
500 ml (1/2 l)	kalt gepresstes Olivenöl

1. Thymian und Lavendel vorsichtig abspülen, trockentupfen, auf Küchenpapier legen und 3 Tage trocknen lassen.
2. Die getrockneten Kräuter in eine vorbereitete Flasche geben, mit Olivenöl auffüllen. Die Flasche verschließen. Thymianöl mindestens 14 Tage an einem kühlen dunklen Ort (Keller) durchziehen lassen.

Tipp: Das Thymianöl mit Lavendel für Lamm-, Wild- und gegrillte Fischgerichte oder für Schmorgerichte mit Gemüse und für Salatsaucen verwenden.

Knoblauch-Basilikum-Essig

20 Portionen, etwa 500 ml

Zubereitungszeit: 10 Minuten, ohne Durchziehzeit
Haltbarkeit: gekühlt und dunkel gestellt etwa 2 Monate

Zutaten:

6–8	Knoblauchzehen
2 Zweige	Basilikum
500 ml (1/2 l)	Rotwein- oder Weißweinessig

1. Knoblauch abziehen und auf einen Holzspieß stecken. Basilikum vorsichtig abspülen und trockentupfen. Die Blättchen von den Stängeln zupfen. Blättchen mit dem Knoblauchspieß in eine vorbereitete Flasche geben, mit Rot- oder Weißweinessig auffüllen.
2. Flasche fest verschließen. Knoblauch-Basilikum-Essig mindestens 14 Tage an einem sonnigen Platz (Fenster) oder einem warmen Ort (Küche) stehen lassen.
3. Den Knoblauchspieß herausnehmen, den Essig durch ein feines Sieb gießen, in eine gut gesäuberte Flasche füllen, den Knoblauchspieß wieder hineingeben und die Flasche fest verschließen.

Verpackungstipp: Ein Stück Zellophanfolie mit einem Band über dem Flaschenkopf festbinden.

Scharfes Tomaten-Paprika-Relish

3 Gläser, je 200 ml

Zubereitungszeit: 35 Minuten, ohne Ruhe- und Durchziehzeit
Haltbarkeit: gekühlt und dunkel gestellt 3–4 Monate

Zutaten:

2	rote Paprikaschoten
1 kg	vollreife Tomaten
2–4	Knoblauchzehen
1–2 EL	Harissa (siehe Grundrezept Seite 26)
4 EL	kalt gepresstes Olivenöl
	Meersalz

1. Paprika halbieren, entstielen, vierteln, entkernen, weiße Scheidewände entfernen. Schoten waschen, trockentupfen, auf ein Backblech legen. Das Backblech unter den vorgeheizten Grill schieben, die Paprikaschoten so lange rösten, bis die Haut schwarz wird und Blasen wirft. Schoten in eine Schale legen, mit Frischhaltefolie zugedeckt etwa 15 Minuten stehen lassen.
2. Tomaten waschen, abtrocknen, mit den Knoblauchzehen auf das Backblech legen, ebenfalls unter dem vorgeheizten Grill rösten, bis die Haut schwarz wird und Blasen wirft, dabei gelegentlich wenden; die Knoblauchzehen sollten noch weich sein. Tomaten und Knoblauch abkühlen lassen.
3. Die Haut der Paprikaschoten abziehen. Paprika in sehr kleine Würfel schneiden. Tomaten enthäuten, entkernen und Stängelansätze entfernen. Tomaten grob zerkleinern. Knoblauch abziehen und in sehr kleine Würfel schneiden.
4. Paprikawürfel mit Tomatenstücken, Knoblauchwürfeln, Harissa und Olivenöl mischen, mit Meersalz abschmecken, etwa 2 Stunden durchziehen lassen.
5. Überschüssiges Olivenöl abgießen. Relish in vorbereitete Gläser füllen und mit Twist-off-Deckeln® verschließen. Relish kalt und dunkel gestellt etwa 2 Wochen durchziehen lassen.

Tipp: Relish passt gut zu gegrilltem oder gebratenem Fleisch oder Geflügel und zu gebackenem, pochiertem, gegrilltem oder gebratenem Fisch.

Mustard-Relish

6 Portionen, etwa 200 ml

Zubereitungszeit: 30 Minuten
Haltbarkeit: 3–4 Tage

Zutaten:

1–2 EL	gelbes Senfpulver
	2 EL scharfer Senf
	oder etwas Weißweinessig

1. Senfpulver mit Senf oder Essig verrühren, saure Sahne und Mayonnaise unterrühren.
2. Eier, Gurken, Cornichons, Paprikaschoten, Kapern und Zwiebeln sehr fein hacken und mit der Sahne-Mayonnaise-Creme vermengen. Mit Salz und Pfeffer abschmecken.

(Fortsetzung Seite 38)

1 Becher (150 g)	saure Sahne
2 EL	Salatmayonnaise
2	hart gekochte Eier
2	Senfgurken
3	Cornichons
2	eingelegte rote Papikaschoten (Piri-Piri)
1 EL	Kapern
2–3	Perlzwiebeln
	Salz, frisch gemahlener Pfeffer

Tipp: Mustard-Relish passt zu Aufschnitt, kaltem Braten, Fisch, Eiern und Schweinemedaillons.

Paprika-Tomaten, süß-sauer

6 Gläser, je 500 ml (Titelfoto)

Zubereitungszeit: 40 Minuten
Haltbarkeit: gekühlt etwa 6 Monate

Zutaten:

1 kg	Paprikaschoten (rot, gelb und grün)
750 g	vollreife Tomaten
1	frische Chilischote
4	Knoblauchzehen
einige Zweige	Majoran oder Oregano
100 g	Zucker oder flüssiger Blütenhonig
4 EL	Meersalz
500 ml (1/2 l)	Weißweinessig
500 ml (1/2 l)	Wasser

1. Paprika halbieren, entstielen, entkernen und die weißen Scheidewände entfernen. Die Schoten waschen und trockentupfen. Jede Hälfte in 2–3 Streifen schneiden.
2. Paprikastreifen in kochendem Salzwasser etwa 5 Minuten blanchieren, mit eiskaltem Wasser abschrecken und in einem Sieb abtropfen lassen. Die Haut der Paprikastreifen abziehen.
3. Tomaten waschen, trockentupfen und die Stängelansätze herausschneiden. Die Tomaten rundherum mit einem Holzstäbchen einstechen und abwechselnd mit den Paprikastreifen in vorbereitete Einweckgläser einschichten.
4. Chilischote abspülen, trockentupfen, in kleine Stücke schneiden und in den Gläsern verteilen.
5. Knoblauch abziehen. Majoran oder Oregano abspülen und trockentupfen. Zucker oder Honig mit Salz, Essig, Wasser und Knoblauch in einem Topf aufkochen. Die eingelegten Tomaten und Paprikastreifen mit dem Sud übergießen. Majoran- oder Oreganozweige darauf verteilen.
6. Die Gläser mit Twist-off-Deckeln® verschließen und in einem Einkochapparat oder in einem großen Topf im Wasserdampf oder Wasserbad einkochen (etwa 30 Minuten).

Tipp: Paprika-Tomaten passen sehr gut zu Barbecue, als Vorspeise oder Beilage.

Kräuteressig, mild

etwa 1 l

Zubereitungszeit: 35 Minuten, ohne Durchziehzeit
Haltbarkeit: gekühlt 3–4 Monate

Zutaten:

1 Handvoll	frischer Kerbel
je 3 Stängel	Selleriekraut, Petersilie
3–4 Stängel	Estragon
8 Stängel	Pimpinelle
2 Stängel	Dill
3	Sauerampferblätter
4	Knoblauchzehen
4	Frühlingszwiebeln
750 ml (3/4 l)	Kräuteressig

1. Die Kräuter vorsichtig abspülen, trockentupfen. Die Blättchen bzw. Spitzen von den Stängeln zupfen. Knoblauch abziehen, durch eine Knoblauchpresse drücken. Frühlingszwiebeln putzen, waschen, abtropfen lassen, in Ringe schneiden.
2. Die vorbereiteten Kräuter, Knoblauch und Frühlingszwiebelringe in eine vorbereitete Flasche geben, mit Kräuteressig auffüllen. Flasche fest verschließen. Kräuteressig mindestens 14 Tage an einem sonnigen Platz (Fenster) oder einem warmen Ort (Küche) stehen lassen. Anschließend den Kräuteressig durch ein Tuch in einen Topf gießen, einmal aufkochen und erkalten lassen.
3. Kräuteressig wieder in eine gut gesäuberte Flasche füllen. Flasche fest verschließen.

Verpackungstipp: Die Flasche mit einigen getrockneten Kräuterzweigen in einem Stück Zellophanpapier einpacken und mit einem Bastband festbinden.

Kräuteressig, scharf

etwa 1,2 l

Zubereitungszeit: 20 Minuten, ohne Durchziehzeit
Haltbarkeit: gekühlt, dunkel gestellt und gut verschlossen 2–4 Monate

Zutaten:

je 1 Bund	Dill, Schnittlauch
je 1 Zweig	Thymian, Rosmarin, Zitronenmelisse
je 1 kleine	rote und grüne Peperoni
2–3 Stück	Orangenschale von 1 Bio-Orange (unbehandelt, ungewachst)
1 l	Weißweinessig

1. Dill, Schnittlauch, Thymian, Rosmarin und Zitronenmelisse vorsichtig abspülen und trockentupfen. Peperoni waschen, trockentupfen, längs halbieren, entkernen und fein hacken. Orangenschalenstücke heiß waschen und trockentupfen.

3. Kräuter, Peperoni und Orangenschale in eine vorbereitete Flasche oder nach Belieben in mehrere vorbereitete Flaschen verteilen und mit Essig auffüllen.
4. Die Flasche bzw. Flaschen fest verschließen und kräftig durchschütteln. Den Kräuteressig mindestens 14 Tage kalt und dunkel stehen lassen.
5. Den Kräuteressig durch ein feines Sieb gießen und wieder in gut gesäuberte Flaschen füllen.

Tipp: Die Wahl der Kräuter je nach Verwendungszweck und Geschmack variieren.

Eingemachte Wassermelonenrinde

10 Portionen

Zubereitungszeit:	40 Minuten, ohne Durchziehzeit
Haltbarkeit:	gekühlt 3–4 Monate

Zutaten:

	Zum Vorbereiten:
1 kg	Schale von 1 Wassermelone
50 g	Salz
	Wasser
1	Bio-Zitrone (unbehandelt, ungewachst)
1 Stückchen	geschälter Ingwer, etwa 3 cm
2	Knoblauchzehen
1 Stange	Zimt
600 ml	Wasser
600 ml	Weißweinessig
1 kg	Zucker
1 TL	Pimentkörner

1. Zum Vorbereiten Melonenschale gründlich waschen, in mundgerechte Stücke schneiden und in eine Schale legen. Salz hinzugeben, Wasser hinzugießen, gut mischen und zugedeckt etwa 24 Stunden stehen lassen.
2. Melonenschalenstücke in ein Sieb geben, abspülen und in einen Topf geben. Soviel Wasser hinzugießen, dass die Melonenschalenstücke knapp bedeckt sind, zum Kochen bringen und zugedeckt etwa 30 Minuten kochen lassen. Wasser abgießen und die Melonenschalenstücke nochmals abspülen.
3. Zitrone heiß abwaschen und abtrocknen. Zitrone in dünne Scheiben schneiden. Ingwer in feine Scheiben schneiden. Knoblauch abziehen. Zimtstange in Stücke brechen.
4. Wasser mit Essig, Zucker, Zitronen-, Ingwerscheiben, Knoblauch, Zimtstange und Pimentkörnern in einem Topf zum Kochen bringen und etwa 20 Minuten kochen lassen.
5. Melonenschalenstücke hinzugeben, wieder zum Kochen bringen und weitere etwa 30 Minuten kochen lassen, bis die Melonenschalenstücke weich und durchsichtig sind.
6. Die Melonenschalenstücke mit dem Kochsud in vorbereitete Gläser füllen und mit Twist-off-Deckeln® verschließen. Melonenschalenstücke 1–2 Wochen durchziehen lassen.

Tipp: Eingemachte Wassermelonenrinde ist eine originelle Beilage zu mild geräuchertem Schinken oder Lachs. Lecker schmeckt sie auch zu einer kross gebratenen Entenbrust oder auf dem Buffet bei einem Barbecue.

Champignons, mariniert

8–10 Portionen

Zubereitungszeit: 60 Minuten, ohne Durchziehzeit
Haltbarkeit: gekühlt etwa 2 Wochen

Zutaten:

2,5 kg	kleine Champignons
	Für die Marinade:
1–2	Chilischoten
6–8	Knoblauchzehen
2 Zweige	Rosmarin
250 ml (1/4 l)	Weinessig
250 ml (1/4 l)	Weißwein
250 ml (1/4 l)	Speiseöl
2 EL	grüne Pfefferkörner
2 TL	Salz

1. Champignons putzen, mit Küchenpapier abreiben, evtl. abspülen und trockentupfen.
2. Für die Marinade Chilischoten putzen, waschen und trockentupfen. Knoblauch abziehen und in dünne Scheiben schneiden. Rosmarinzweige abspülen und trockentupfen.
3. Essig, Wein und Speiseöl in einen Topf gießen, Chilischoten, Knoblauchscheiben, Rosmarinzweige, Pfefferkörner und Salz hinzufügen. Marinade kurz aufkochen lassen. Topf von der Kochstelle nehmen.
4. Champignons in der Marinade etwa 10 Minuten ziehen und abkühlen lassen.
5. Champignons mit der Marinade in vorbereitete Gläser füllen. Gläser mit Twist-off-Deckeln® verschließen.
6. Champignons kalt gestellt einige Tag durchziehen lassen.

Tipp: Marinierte Champignons zu Grillspezialitäten reichen oder auf ein Buffet stellen.

Dattelchutney

4 Portionen, etwa 500 ml

Zubereitungszeit: 35 Minuten
Haltbarkeit: gekühlt etwa 2 Tage

Zutaten:

150 g	frische Datteln
50 g	Ingwerwurzel (nicht zu dicke Knollen kaufen, diese sind häufig holzig)
4 EL	Feigenlikör
1 TL	Sambal Oelek
2 EL	geröstete, gehobelte Mandeln
125 ml (1/8 l)	Schlagsahne
etwa 1 EL	Sherry

1. Die Haut der Datteln abziehen. Datteln längs halbieren und Steine herausnehmen, die Hälften in kleine Würfel schneiden. Ingwer schälen, abspülen, trockentupfen und ebenfalls in kleine Würfel schneiden.
2. Dattel- und Ingwerwürfel in eine Schüssel geben. Likör, Sambal Oelek und Mandeln hinzugeben. Die Zutaten gut vermengen.
3. Sahne cremig (halb steif) schlagen und unter die Dattel-Ingwer-Masse heben. Mit Sherry abschmecken.

Tipp: Dattelchutney passt gut zu kaltem Geflügelfleisch und zu kaltem Braten. Statt frische Datteln können Sie auch getrocknete Datteln verwenden.

Exotische Fruchtpickles

3 Gläser, je 500 ml (Titelfoto)

Zubereitungszeit: 50 Minuten
Haltbarkeit: kalt, dunkel und gut verschlossen etwa 6 Monate

Zutaten:

500 g	Ananasfleisch von 1 großen Ananas
je 1/2	Bio-Zitrone und Bio-Limette (unbehandelt, ungewachst)
1	Kantalup-, Netz- oder Honigmelone (etwa 600 g)
	Für die Weißweinlösung:
500 ml (1/2 l)	Weißwein
130 g	Zucker
1	Zimtstange
1/4 TL	gemahlener Ingwer
1 Pck.	Einmach-Hilfe

1. Ananasfleisch in kleine dünne Stückchen schneiden. Zitrone und Limette heiß abspülen, abtrocknen und in dünne Scheiben schneiden. Melone halbieren, entkernen, das Fruchtfleisch mit einem Kugelausstecher herauslösen oder das Fruchtfleisch mit einem Messer herauslösen und in Würfel schneiden.
2. Für die Weinlösung Weißwein mit Zucker, Zimtstange und Ingwer in einem Topf zum Kochen bringen und etwa 5 Minuten kochen lassen, Zimtstange entfernen.
3. Ananasstückchen, Zitronen- und Limettenscheiben hinzugeben, wieder zum Kochen bringen und etwa 1 Minute kochen lassen. Melonenkugeln oder -würfel hinzufügen und weitere 5 Minuten bei schwacher Hitze ziehen lassen.
4. Die Früchte mit einem Schaumlöffel herausnehmen und in vorbereitete Gläser geben.
5. Die Weinflüssigkeit wieder erhitzen. Topf von der Kochstelle nehmen, Einmach-Hilfe unterrühren. Die Früchte mit der heißen Weinflüssigkeit übergießen, so dass sie bedeckt sind, erkalten lassen.
6. Die Gläser nach dem Erkalten mit Twist-off-Deckeln® sofort verschließen.

Verpackungstipp: Die Gläser auf ein Tablett stellen, eine Baby-Ananas, Zitronen und Limetten darauf legen oder in einer Schüssel mit Zitronen und Limetten anrichten.

Schafkäse mit Forellenkaviar

4 Portionen, etwa 400 ml

Zubereitungszeit: 25 Minuten
Haltbarkeit: gekühlt 1–2 Tage

Zutaten:

2–3	glatte Petersilienstängel
200 g	Schafkäse
1 Becher (100 g)	Crème fraîche oder Sauerrahm
1 Prise	Safran
2 EL	Forellenkaviar (roter Kaviar)

1. Petersilie abspülen und trockentupfen. Die Blättchen von den Stängeln zupfen. Blättchen in Streifen schneiden.
2. Schafkäse in eine Schüssel geben und mit einer Gabel fein zerdrücken, mit Crème fraîche oder Sauerrahm zu einer geschmeidigen Paste verrühren.
3. Safran, Forellenkaviar (einige Kaviarkugeln zerdrücken) und Petersilienstreifen unterheben.

Beilage: Ofenkartoffeln.

Paprikaschoten mit Schafkäse

3 Gläser, je 500 ml

Zubereitungszeit: 35 Minuten, ohne Abkühlzeit
Haltbarkeit: kalt, dunkel gestellt und gut verschlossen 3–4 Wochen

Zutaten:

je 4 kleine	grüne und rote Paprikaschoten
2	Zwiebeln
2	rote Peperoni
200 g	Schafkäse
3 TL	rote Pfefferkörner
600 ml	Weißweinessig
250 g	Zucker
1 gestr. TL	Salz
1 TL	Oregano
200 ml	kalt gepresstes Olivenöl

1. Paprikaschoten entstielen, entkernen, die weißen Scheidewände entfernen. Schoten waschen und mit der Haut nach oben auf ein Backblech (gefettet) legen. Das Backblech in den Backofen schieben.

   Ober-/Unterhitze: etwa 220 °C (vorgeheizt)
   Heißluft: etwa 200 °C (vorgeheizt)
   Gas: etwa Stufe 5 (vorgeheizt)
   Backzeit: etwa 12 Minuten.

2. Wenn die Paprikaschoten Blasen werfen, das Backblech herausnehmen und auf einen Rost stellen. Paprikaschoten mit einem nassen Tuch zudecken und etwas abkühlen lassen. Die Haut der Paprikaschoten abziehen.
3. Zwiebeln abziehen, zuerst in Scheiben schneiden, dann in Ringe teilen. Peperoni waschen, trockentupfen, entstielen, längs halbieren, entkernen und in Ringe schneiden. Schafkäse etwas zerkleinern.
4. Paprikaschoten mit Schafkäse füllen, zusammen mit den Zwiebel-, Peperoniringen und Pfefferkörnern in vorbereitete Gläser schichten.
5. Essig, Zucker und Salz in einem Topf aufkochen, bis der Zucker aufgelöst ist, Oregano hinzufügen. Olivenöl unterrühren. Die Paprikaschoten mit dem Sud übergießen, so dass die Schoten bedeckt sind. Die Gläser mit Twist-off-Deckeln® verschließen. Paprikaschoten kalt gestellt aufbewahren.

Tipp: Bis zum ersten Verzehr die Paprikaschoten etwa 3 Tage durchziehen lassen. Nach Belieben noch 2–3 abgezogene Knoblauchzehen hinzufügen.

Verpackungstipp: Einige rote und grüne Peperoni auf ein Band ziehen und an dem Glas festbinden.

Joghurt-Käse-Bällchen in Kräuteröl

6–8 Portionen, etwa 1 l

Zubereitungszeit: 35 Minuten, ohne Abtropf- und Kühlzeit
Haltbarkeit: gekühlt etwa 6–8 Wochen

Zutaten:

$1^{1}/_{2}$ kg	Naturjoghurt
2 gestr. TL	Salz
2	frische Lorbeerblätter
3	frische Thymianzweige
2	frische Oreganozweige
500 ml ($^{1}/_{2}$ l)	kalt gepresstes Olivenöl
	Außerdem:
evtl. 1	Passiertuch

1. Joghurt in eine Schüssel geben und mit Salz verrühren. Anschließend in ein Sieb geben (mit einem Passiertuch oder mit Küchenpapier ausgelegt). Sieb auf eine Schüssel setzen. Joghurt im Kühlschrank gut abtropfen lassen (am besten 2 Tage).
2. Den abgetropften Joghurt (er hat jetzt die Konsistenz vom italienischen Ricottakäse) mit angefeuchteten Händen oder mit 2 Löffeln in Taubenei große Bällchen formen und auf einen flachen Teller legen. Die Bällchen nochmals zugedeckt etwa 3 Stunden kalt stellen, bis sie fest geworden sind.
3. Lorbeerblätter, Thymian- und Oreganozweige abspülen und trockentupfen.
4. Die Joghurtbällchen mit den Lorbeerblättern und den Kräuterzweigen in vorbereitete Einweckgläser geben und mit so viel Olivenöl übergießen, bis die Bällchen gut bedeckt sind. Gläser mit Twist-off-Deckeln® verschließen.
5. Joghurt-Käse-Bällchen mindestens 1–2 Wochen kalt, dunkel und trocken aufbewahren. Nach dem Öffnen dann möglichst innerhalb 6–8 Wochen verbrauchen.

Tipp: Joghurt-Käse-Bällchen passen gut zu knusprigem Brot oder zu knackigen Blattsalaten.

Marinierter Ziegenfrischkäse

4–6 Portionen, 2 Gläser, je etwa 500 ml

Zubereitungszeit: 20 Minuten, ohne Durchziehzeit
Haltbarkeit: gekühlt etwa 3 Tage

Zutaten:

250 ml (1/4 l)	kalt gepresstes Olivenöl
200 ml	Weißwein
3	Knoblauchzehen
10	frische Champignons
2 kleine	Rosmarinzweige
1	frische rote Pfefferschote
4 kleine	Ziegenfrischkäse (je etwa 75 g)
12	grüne Oliven, ohne Stein

1. Olivenöl mit Wein verrühren. Knoblauch abziehen und evtl. halbieren. Champignons putzen, mit Küchenpapier abreiben, evtl. kurz abspülen und trockentupfen, evtl. halbieren.
2. Rosmarinzweige abspülen und trockentupfen. Pfefferschote senkrecht einschneiden, entkernen und in Ringe schneiden.
3. Ziegenfrischkäse, Oliven, Knoblauch, Champignons, Rosmarinzweige und Pfefferschotenringe in vorbereitete Gläser (je 1-l-Inhalt) geben, mit der Olivenöl-Wein-Mischung übergießen. Gläser gut verschließen und den Ziegenkäse mindestens 24 Stunden durchziehen lassen.

Schafkäse und Chili in Olivenöl

4–6 Portionen, 2 Gläser, je etwa 500 ml

Zubereitungszeit: 15 Minuten, ohne Durchziehzeit
Haltbarkeit: gekühlt und dunkel gestellt etwa 2 Wochen

Zutaten:

etwa 400 g	Schafkäse
3 kleine	getrocknete Chilischoten
3	frische Thymianzweige
1	frischer Rosmarinzweig
3 kleine	Knoblauchzehen
12	schwarze Pfefferkörner
etwa 400 ml	kalt gepresstes Olivenöl

1. Schafkäse in Würfel schneiden und in vorbereitete Gläser geben. Chilischoten halbieren, entkernen und klein schneiden. Thymianzweige und Rosmarinzweig abspülen und trockentupfen. Knoblauch abziehen, mit den Pfefferkörnern etwas zerdrücken.
2. Chili, Thymian, Rosmarin, Knoblauch und Pfeffer zu den Käsewürfeln geben, mit so viel Olivenöl übergießen, dass die Käsewürfel gut bedeckt sind. Die Gläser mit Twist-off-Deckeln® verschließen, kalt und dunkel gestellt mindestens 1 Woche durchziehen lassen. Nach dem Öffnen innerhalb von 2 Wochen verbrauchen.

Tipp: Schafkäse passt gut zu knusprigem Brot oder zu knackigen Blattsalaten. In Scheiben geschnitten ist der Schafkäse ein vorzüglicher Pizzabelag. Das Olivenöl, in dem der Käse eingelegt war, kann für Salatsaucen oder zum Bestreichen von gegrilltem Fleisch, Fisch oder gebratenem Gemüse verwendet werden.

Ziegenkäse und Kräuter in Olivenöl

4–6 Portionen, 1 Glas, etwa 500 ml

Zubereitungszeit: 20 Minuten, ohne Durchziehzeit
Haltbarkeit: gekühlt und dunkel gestellt 6–8 Wochen

Zutaten:

3	frische Thymianzweige
1	frischer Rosmarinzweig
3 kleine	Knoblauchzehen
6 Stück	Ziegenkäse, z. B. Crottin de Chavignol (je 60–75 g)
3 kleine	Lorbeerblätter
6	schwarze Pfefferkörner
etwa 350 ml	kalt gepresstes Olivenöl

1. Thymian und Rosmarin abspülen und trockentupfen. Knoblauch abziehen.
2. Ziegenkäse, Lorbeerblätter, Kräuterzweige, Knoblauch und Pfefferkörner in 1 vorbereitetes Glas (1/2-l-Inhalt) geben, mit so viel Olivenöl übergießen, dass der Ziegenkäse jeweils gut bedeckt ist.
3. Gläser mit Twist-off-Deckeln® verschließen, kalt und dunkel gestellt mindestens 1–2 Wochen durchziehen lassen.
4. Ziegenkäse nach dem Öffnen innerhalb von 6–8 Wochen verbrauchen.

Tipp: Ziegenkäse passt gut zu knusprigem Brot oder zu knackigen Blattsalaten. In Scheiben geschnitten ist der Ziegenkäse ein vorzüglicher Pizzabelag. Das Olivenöl, in dem der Käse eingelegt war, kann für Salatsaucen oder zum Bestreichen von gegrilltem Fleisch, Fisch oder gebratenem Gemüse verwendet werden. Käse in Würfel schneiden, mit gegarten heißen Nudeln mischen und servieren.

Schafkäse, mariniert

8 Portionen, 4 Gläser, je etwa 500 ml

Zubereitungszeit: 35 Minuten, ohne Durchziehzeit
Haltbarkeit: kalt und gut verschlossen etwa 2 Monate

Zutaten:

500 g	Schafkäse
	Für die Marinade:
500 g	rote Zwiebeln
3	Knoblauchzehen
100 g	schwarze entsteinte Oliven
60 g	grüne spanische Oliven, mit Paprika gefüllt
2 1/2 EL	Kräuter der Provence oder frische Kräuter
600 ml	kalt gepresstes Olivenöl
300 ml	Rotweinessig
	Pfefferkörner

1. Den Schafkäse in 2–3 cm große Würfel schneiden.
2. Für die Marinade Zwiebeln und Knoblauch abziehen. Die entsteinten und gefüllten Oliven in Scheiben schneiden, mit Zwiebeln, Knoblauch und Kräutern der Provence vermengen.
3. Olivenöl mit Rotweinessig und den Pfefferkörnern verrühren und zur Oliven-Zwiebel-Mischung geben.
4. Die Marinade mit den Schafkäsewürfeln in 4 vorbereitete Gläser (je 1-l-Inhalt) schichten. Gläser mit Twist-off-Deckeln® verschließen. Den Schafkäse 10–14 Tage durchziehen lassen.

Verpackungstipp: Den eingelegten Schafkäse in hübsche Gläser füllen. Nach Belieben ein Spankörbchen mit den zu dem Rezept gehörenden rohen Zutaten auslegen, das Glas hineinstellen oder das Rezept auf einen festen Karton schreiben. Die Seiten des Kartons vorsichtig anbrennen, um das Glas wickeln und mit Siegellack versiegeln.

Alphabetisches Register

Themenregister

Umwelthinweis Dieses Buch und der Einband wurden auf chlorfrei gebleichtem Papier gedruckt.
Die Einschrumpffolie – zum Schutz vor Verschmutzung – ist aus umweltfreundlichem und recyclingfähigem PE-Material.

Wenn Sie Anregungen, Vorschläge oder Fragen zu unseren Büchern haben, rufen Sie uns unter folgender Nummer an 0521 155-2580 oder 520650 oder schreiben Sie uns:
Dr. Oetker Verlag KG, Am Bach 11, 33602 Bielefeld
oder besuchen Sie uns im Internet unter www.oetker.de.

Redaktion Carola Reich, Annette Riesenberg

Titelfoto Thomas Diercks, Hamburg
Innenfotos Thomas Diercks, Hamburg (S. 57)
Brigitte Wegner, Bielefeld (S. 9, 11, 15, 45, 49, 53)
Kramp & Gölling, Hamburg (S. 13, 35, 61)
Axel Struwe, Bielefeld, Foodstyling Wolfgang Menzel (S. 5, 7, 17–33, 37–43, 47, 51, 55, 59)

Rezeptentwicklung und -beratung Mechthild Plogmaker, Dr. Oetker Versuchsküche, Bielefeld
Olaf Brummel, Bielefeld

Grafisches Konzept kontur:design, Bielefeld
Gestaltung kontur:design, Bielefeld
Titelgestaltung kontur:design, Bielefeld

Reproduktionen Kruse Reproduktion, Vreden
Satz JUNFERMANN Druck & Service, Paderborn
Druck und Bindung MOHN Media • Mohndruck GmbH, Gütersloh

ISBN 3–7670–0902–1